AF349490

Mon cher VINDEX,

Tu me demandes « deux mots, quelques lignes seulement, »
Mais que puis-je dire de mieux que toi ? N'est-il pas préfé-
rable de te passer mes notes d'audience ? Tu as pu juger et
apprécier toi-même et je suis convaincu que tu sauras dire
la vérité, toute la vérité, rien que la vérité. Je ne te ferai
pas l'injure de supposer un seul instant que tu imiteras les
drôles qui, comme tu le disais si bien dans le *Cri du Tra-
vailleur,* « ont élevé le mensonge à la hauteur d'une
institution. »

Il faut laisser le mensonge au clan opportuniste. Du reste,
lors même que tu le voudrais, tu n'arriveras jamais à
mentir avec autant d'effronterie. Aussi ils savent vous
brasser une affaire — malpropre, naturellement — avec
une audace qu'ils poussent à l'extrême — même en Orient.

Non contents de pressurer, tromper et voler nos malheu-
reux nationaux, ils vont opérer leur brigandage au
Tonkin, à Madagascar, en Tunisie.

Si encore ils opéraient eux-mêmes — comme Pierre Petit ;
— mais non ! « ils ont l'opportunisme du courage » et ce
sont nos pauvres soldats qui vont se faire tuer pour
enrichir cette bande de coquins.

Et lorsque des hommes de cœur comme nos amis Chirac
et Numa Gilly dévoilent les tripotages auxquels ils se li-
vrent, tous les aboyeurs gouvernementaux crient « haro
contre les socialistes. »

Les hommes sur le dévouement et l'honnêteté desquels on
peut compter sont vilipendés par les êtres les plus abjects et
les plus vils.

Notre cher ami Jules Guesde n't-il pas eu, lui aussi, à
essuyer la bave de ces reptiles ?

Hier, c'étaient Dormoy, Bonvin, Létang ; aujourd'hui ce
sont Thivrier et moi. Tu n'y échapperas pas non plus,
mon cher Vindex. Tu verras que le « plumitif *sans gages* »
dira que tu ne peux être que l'allié des bonapartistes.

Je suis certain d'une chose — et toi aussi, n'est-ce pas ? —
c'est que le jour où la République sera en danger, le drôle en
question filera à Saint-Sébastien, ou ailleurs, pendant que
nous ferons notre devoir.

Thivrier est honnête et loyal. Il est dévoué à la République et a bien fait des sacrifices pour la cause des travailleurs ; c'est pourquoi les coquins s'en prennent à lui.

La politique ne l'a pas enrichi, il n'a pas vendu sa conscience comme d'autres vendent leur femme. Il n'a pas trouvé l'ami complaisant qui eût pu lui procurer des propriétés dans nos colonies.

Il saura faire respecter et aimer notre chère République, celle qui émancipera les travailleurs et fera rendre gorge aux voleurs, celle pour laquelle nous avons combattu en 70-71. Te rappelles-tu notre arrivée à l'*Hôtel de Paris*, le 31 octobre 1870, le jour où nous eûmes la sottise de laisser échapper l'ignoble Ferry, l'affameur d'alors, le Tonkinois d'aujourd'hui ?

Le 22 janvier, le 18 mars 1871, le 16 mai 77, nous combattîmes pour la République, et le 3 décembre 87 nous nous disposions à faire notre devoir pour empêcher le chef des tripoteurs de s'emparer du pouvoir.

Deux fois, je t'ai vu adossé au mur — j'étais bien près de toi — je croyais que les soldats de la réaction allaient t'assassiner pour te *barboter* après, mon pauvre Vindex. Tu as pu échapper au massacre, tu as blanchi avant l'âge, luttant toujours et sans cesse pour la République et il se trouvera un Deslinières pour t'appeler bonapartiste ;

Un Deslinières qui ne s'adosse au mur que pour y déposer les ordures qu'il porte ensuite à *La Démocratie* ;

Un Deslinières qui veut prostituer la République comme il prostitue sa plume.

Eh bien ! non ! mille fois non ! nous ne laisserons pas insulter les soldats qui luttent pour l'affranchissement du prolétariat. Nous prouverons aux coupe-jarrets de l'opportunisme que nous avons du sang dans les veines.

Nous nous souviendrons des trafics honteux, du sang qu'ils ont fait verser, des vols qu'ils ont commis et nous ne cesserons pas de dire à ceux qui souffrent, à ceux qui travaillent et qui crèvent de misère, eux et leur famille, qu'ils doivent rompre toute relation, qu'ils ne doivent pas soutenir les misérables intrigants qui ne font rien, se rient de nos misères, exploitent nos souffrances et cherchent à exciter les travailleurs les uns contre les autres pour détourner l'attention et cuver leur vin en paix.

Raoul **FRÉJAC**.

L'AFFAIRE
L. DESLINIÈRES

Par VINDEX

Le 31 octobre 1888, est venu devant le Tribunal correctionnel de Montluçon le procès intenté par le sieur Deslinières, Lucien, directeur du journal opportuniste *La Démocratie du Centre*, au citoyen Thivrier, maire aimé et respecté de Commentry, et conseiller d'arrondissement.

La vieille et trop petite salle du tribunal de Montluçon est littéralement bondée. Les amis du citoyen Thivrier — et ils sont nombreux — accompagnaient l'honorable maire de Commentry qu'un plumitif de la dernière catégorie cherchait à déconsidérer.

Une bande d'opportunistes se placent auprès du sieur Deslinières qui regarde le public d'un air moqueur.

Une bien vilaine tête : yeux clignotants, regard faux. De temps à autre, il gonfle ses joues comme s'il allait cracher une molaire.

C'est une vieille habitude, car ce journaliste en rupture de cuvette a été larbin chez M. Isermence, dentiste à Montluçon ; c'est lui qui tenait la cuvette et faisait cracher le client et il a conservé ce tic dont il devrait bien se défaire.

Avant d'entrer dans les débats, il est bon de mettre sous les yeux du lecteur les pièces du procès.

Les membres du Conseil d'arrondissement de Montluçon étaient convoqués pour le 24 septembre, à la sous-préfecture. Lorsque, à l'heure indiquée, quelques-uns de ces messieurs se présentèrent, ils ne trouvèrent ni sous-préfet, ni convocateur, ni secrétaire ; enfin personne ayant qualité pour les recevoir, si ce n'est M. Meige, employé des ponts et chaussées, qui voulut bien faire entrer les conseillers dans un bureau. Les conseillers présents, après avoir attendu longtemps — et n'étant pas en nombre pour délibérer, — se retirèrent non sans protester contre ce sans-gêne.

Le journal *Le Centre* s'empara du fait et en profita pour critiquer les absents et l'administration sous-préfectorale.

Le 27 septembre, *La Démocratie*, journal gouvernemental, répondit au *Centre* par l'entrefilet ci-dessous :

I.

Nous sommes en mesure de rectifier une erreur matérielle commise par le correspondant du *Centre*, dans le compte-rendu publié par ce journal de la réunion du Conseil d'arrondissement, nue hier dans les bureaux de la sous-préfecture.

M. Meige fils, dont il est question, appartient à l'administration préfectorale au titre de secrétaire particulier du sous-préfet ; il ne s'est présenté dans la salle où MM. Lougnon, Lachaume et Thivrier étaient réunis (cette salle est le bureau du secrétaire) qu'après la signature par le président et M. Lachaume d'une déclaration constatant qu'en l'absence du plus grand nombre des membres du Conseil, il était impossible d'ouvrir la séance.

Dans ces conditions, la réunion ne pouvant atteindre le but légal qui lui était assigné, le secrétaire particulier *était chez lui* et non dans une salle occupée par une assemblée délibérante, dont l'accès lui était interdit.

Convaincus que M. Meige ne voudra pas prendre la peine de répondre aux attaques injustifiées dont il est l'objet, nous nous contentons de signaler cette erreur du *Centre*.

Ne trouvant pas cette note suffisante, et pour bien faire comprendre qu'il « était en mesure — par ordre — de rectifier l'erreur matérielle commise par le correspondant du *Centre*, » Lucien Deslinières publia une deuxième note ainsi conçue :

II.

Conseil d'arrondissement de Montluçon.

Trois membres seulement, MM. Lougnon, Thivrier et Lachaume auraient assisté, avant-hier, à la séance du Conseil d'arrondissement de Montluçon... si cette séance avait été ouverte. Mais elle ne l'a pas été. M. Lougnon, président, a sagement pensé que MM. Thivrier et Lachaume, c'était *insuffisant* pour délibérer. D'ailleurs ni l'un ni l'autre, ne connaissant l'orthographe, ne pouvait faire un secrétaire acceptable. Le combat a donc cessé faute de combattants, ou plutôt il n'a même pas commencé.

Il paraît que le citoyen Thivrier était « indigné » de la négligence de ses collègues ; quant au papa Lachaume, enfonçant ses mains plus profondément que jamais dans les poches de ses *brayes*, il lâchait des *c'est honteux !* énergiques et réitérés.

Le Centre se fait l'écho de l'indignation du citoyen Thivrier avec une complaisance et une précision de détails qui sembleraient dénoter que le farouche collectiviste est allé lui en porter lui-même l'expression. Naturellement la feuille bonaparto-boulangiste renchérit encore sur cette indignation de commande et houspille en même temps le sous-préfet qui était absent aussi.

Eh bien ! au risque d'indigner davantage le citoyen Thivrier et de faire faire par le papa Lachaume une concurrence désastreuse aux tanneries de Montluçon, nous déclarons que cette grève des conseillers d'arrondissement nous paraît infiniment moins regrettable que celle des mineurs de la Loire.

Nous allons même plus loin : nous aimons mieux voir notre Conseil d'arrondissement ne pas siéger du tout que de le voir adopter, comme l'année dernière, une interminable série de vœux saugrenus dont le seul effet a été de jeter une douce gaieté au sein du Conseil général.

Tout le monde étant d'accord sur l'inutilité des Conseils d'arrondissement, le mieux qu'on puisse attendre d'eux, c'est qu'ils ne fassent rien, moyen infaillible d'éviter de faire des sottises.

L. D.

Pour une *défense officielle*, vous voyez que c'est réussi.

L'employé des ponts et chaussées est pour la circonstance transformé en secrétaire particulier, il « était chez lui » à la sous-préfecture et avait le droit d'envoyer promener les conseillers d'arrondissement qui occupaient « une salle dont l'accès leur était interdit. »

Ils étaient pourtant bien convoqués pour aller dans une salle quelconque de la sous-préfecture.

Le 29 septembre, *Le Centre* inséra la lettre suivante :

III.

« M. Thivrier, conseiller d'arrondissement et maire de Commentry, nommé dans nos colonnes, nous adresse la lettre suivante, sous forme d'article, à insérer en vertu du droit de réponse que lui confère la loi. »

Sans-gêne administratif.

Le 17 septembre, le Conseiller d'arrondissement, M. Renon, convoquait pour le 24 septembre les membres du Conseil d'arrondissement de Montluçon, « à l'hôtel de la sous-préfecture. » Trois membres seulement se sont présentés : MM. Lougnon, Lachaume et moi. Personne n'était « à l'hôtel de la sous-préfecture » pour nous recevoir. M. le sous-préfet est en congé, M. le secrétaire est en villégiature et le convocateur était .. je ne sais où. Après avoir erré dans cet hôtel qui coûte si cher et sert si peu, un M. Meige, employé des ponts et chaussées, voulut bien nous faire entrer dans un bureau pour attendre nos collègues.

Mais ce fut en vain et M. Meige nous déclara que nous ne pourrions que... nous retirer, ce que nous fîmes, non sans protester contre cette manière d'agir et ce sans-gêne. Avant de nous retirer, je soumis à mes deux collègues la proposition suivante :

« Considérant que la majorité du Conseil d'arrondissement ne daigne même pas faire excuser son absence à la réunion (2e partie de la session) et que sous-préfet, secrétaire et convocateur ne se présentent pas pour recevoir les conseillers d'arrondissement ;

» Considérant que ce sans gêne administratif prouve, une fois de plus, que ce rouage *sous-préfectoral* est complètement inutile ;

» Le soussigné émet le vœu que les conseils d'arrondissement et les sous-préfectures soient supprimés, que les immeubles servent d'hôpitaux aux invalides du travail et que les meubles soient vendus moitié pour les bureaux de bienfaisance et l'autre moitié au profit des instituteurs et institutrices laïques. »

La presse locale s'est emparée de cette protestation et les plumitifs à gages s'empressent de *soutenir* l'Administration. Ils se rient de notre indignation et cherchent à faire de l'esprit, ils n'arrivent qu'à faire la bête.

Un journal déclare que M. Meige *était chez lui* à la sous-préfecture et qu' « il ne s'est présenté dans la salle où MM. Lougnon, Lachaume et Thivrier étaient réunis, qu'après la signature par le président et M. Lachaume d'une déclaration constatant qu'en l'absence du plus grand nombre des membres du Conseil, il était impossible d'ouvrir la séance, la réunion ne pouvant atteindre le but légal qui lui était assigné.

Il est vrai que le lendemain le même journal disait avec la même sincérité, que MM. Lougnon, président, avait sagement pensé que MM. Thivrier et Lachaume, c'était *insuffisant* pour délibérer, *ni l'un ni l'autre, ne connaissant l'orthographe, ne pourrait faire un secrétaire acceptable.*

On ne peut se moquer de ses lecteurs avec plus de désinvolture. Il est vrai que les *Jaunes* n'y regardent pas de si près et qu'on peut leur faire croire que *collectivisme* et *anarchisme* sont synonymes.

Mais je ne veux pas m'abaisser à discuter avec des gens qui écrivent sur *commande*.

J'inviterai seulement le citoyen Numa Gilly à continuer son œuvre de salubrité et à exiger communication de la liste des journaux subventionnés par le Ministère de l'intérieur.

Il faut espérer qu'il mettra la Commission du budget en demeure de le poursuivre en cour d'assises pour dévoiler les tripotages éhontés de ceux qui, hier, n'avaient pas le sou, et aujourd'hui possèdent des propriétés et roulent carrosse. »

THIVRIER

Conseiller d'arrondissement,
Maire de Commentry.

La Démocratie publia le samedi matin — numéro portant la date du 30 — et en première page, l'entrefilet que voici :

IV

Au moment où paraîtront ces lignes, deux de mes amis se présenteront au domicile du sieur Thivrier, maire de Commentry, pour lui demander compte des insinuations dirigées contre moi dans un article du *Centre* d'hier qui porte sa signature.

L. D.

Deux amis se présentèrent en effet chez le citoyen Thivrier qui, appelé à se rendre à Montluçon pour « assister au Conseil d'arrondissement, »rendit compte, le même jour, de la démarche faite auprès de lui et pria le journal *Le Centre* d'insérer la lettre ci-dessous :

Don Quichottisme.

Monsieur le Rédacteur,

Je viens vous prier de vouloir bien insérer cette lettre, car elle fait suite à l'article que vous avez publié hier relatif au *sans gêne administratif* dont je me plaignais.

N'aimant pas les surprises et les équivoques, je commence par vous déclarer que je suis sincèrement républicain et que, sur le terrain politique et économique, je ne serai jamais de votre côté.

Excusez ma franchise et comme il ne s'agit que d'une question d'intérêt local, je m'adresse à votre loyauté, ne pouvant pas compter sur celle des opportunistes qui ne vivent que de spéculations honteuses et ne trouvent jamais le moment *opportun* pour appliquer les principes qu'ils prétendent avoir.

Ruiner le pays pour caser et enrichir leurs créatures, voilà le rôle qu'ils remplissent et je ne vous cache pas que je préfère avoir en face de moi un franc réactionnaire qu'un hypocrite républicain.

Je reviens à la question. *La Démocratie* de ce jour annonce en première page que M. L. D. — (†) — a prié « deux de ses amis de se « présenter au domicile du sieur Thivrier, maire de Commentry, « pour lui demander compte des insinuations dirigées contre lui « dans un article du *Centre* d'hier qui porte sa signature. »

Dès le matin, tout le monde était sur le pas de la porte, guettant la venue des « deux amis » qui, en effet, arrivèrent avec des épées de combat d'une longueur démesurée. Ces messieurs — très convenables du reste — se sont présentés chez moi et... devinez ? ont déclaré qu'ils venaient chercher une petite rétractation, sinon... « M. Deslinières, m'ont-ils dit, va insérer ceci contre vous, » et ils me firent voir un papier contenant quelques infamies ; mais ce fameux duel, ce ces longues épées qui eussent fait les délices de Don Quichotte, il n'en fut point question et ... c'est tout.

Ils rejoignirent leur client qui attendait dans une voiture, après que le citoyen Thivrier leur eut déclaré qu'il n'avait aucune rétractation à faire, attendu que l'article — en réponse à des injures — parlait de la généralité des opportunistes et rappelait les paroles de Numa Gilly, député, déclarant à ses électeurs « qu'il était véritablement scandaleux de voir à la Commission du budget et à la « Chambre, des individus qui, hier, sans le sou, ont aujourd'hui « des propriétés et roulent carrosse. »

M. Deslinières s'est empressé de dire à ses deux amis : « Ce ne peut être que moi que *Christ* ve veut désigner !... » et, vite, en route pour Commentry !

Je laisse au public le soin d'apprécier cette conduite.

THIVRIER

Conseiller d'arrondissement et
Maire de Commentry.

Cette lettre fut publiée le même jour dans le numéro portant la date du samedi 30 septembre, mis en vente le vendredi, à quatre heures du soir.

Et ce qui justifiait bien le dire du citoyen Thivrier, c'est que, dans le numéro paru le dimanche matin et portant la date du lundi 1er octobre, *La Démocratie* publia les infamies annoncées.

Ce qui caractérise bien les agissements du sieur Deslinières et prouve qu'il n'écrit pas *sur commande*, c'est la lettre suivante qui nous est communiquée :

Commentry, le 30 octobre 1888.

Monsieur le Maire,

Je viens vous prier de me pardonner et de conserver ma place pour mes enfants. Comme je vous l'ai déclaré hier soir, j'ai eu tort de m'absenter de mon travail et de demander une permission de deux jours pour colporter des journaux contenant des infamies contre vous.

C'est sur les instances de M. Aujame, député, et aussi l'appât du gain qui m'a fait accepter.

Je travaillais à la maison d'école du bourg de Commentry, lorsque le samedi 30 septembre, M. Aujame me fit demander pour distribuer « gratuitement » et vendre les journaux *La Démocratie* et *La Gazette Bourbonnaise* qui devaient paraître les dimanches 30 septembre et 7 octobre. Il me dit que M. Couilbeau, libraire, me remettrait les journaux et me payerait à quatre francs par jour.

J'ai distribué les journaux pendant deux jours.

Voici, Monsieur le Maire, toute la vérité et je vous supplie de ne pas me renvoyer, car je vous jure que si j'avais su qu'il s'agissait de colporter des injures et des mensonges contre vous, je n'aurais pas accepté.

Votre très humble et dévoué serviteur.

(Signé) : **SIMON. Jean.**

Cantonnier de la commune.

Le procédé est-il assez canaille et l'aboyeur de Chautemille et Aujame osera-t-il encore dire qu'il n'est pas payé pour commettre ses besognes malpropres ?

Qui donc alors payait les milliers de journaux distribués gratuitement ? Sur quels fonds les sommes nécessaires ont-elles été prises ?

Vous voyez donc bien, drôle, que vous êtes pris en flagrant délit de mensonge et que vous ne recherchiez que le scandale, puisqu'en sortant de chez le citoyen Thivrier, le vendredi 29 septembre, vous et vos témoins. Aujame et Couilbeau, vous vous êtes rendus chez ce dernier pour comploter vos infamies et prendre les dispositions nécessaires pour les faire colporter.

Ce qui n'empêche pas avec la bonne foi qui caractérise les gens de votre espèce que, dans *La Démocratie* du 2 octobre, vous fîtes publier la lettre suivante de vos dignes comparses :

L'affaire Thivrier.

Cher ami,

Le compte-rendu que publie le collectiviste Thivrier, dans le journal bonapartiste *Le Centre*, de la visite que nous lui avons faite hier, est faux d'un bout à l'autre.

Nous n'avons demandé au sieur Thivrier aucune rétractation et nous ne l'avons pas menacé de faire publier quoique ce soit dans *La Démocratie*.

Le récit fidèle de notre entrevue était contenu dans notre lettre d'hier. Nous n'avons rien à y ajouter ni à en retrancher, et nous laissons le public choisir entre notre affirmation et celle du sieur Thivrier.

Quant aux épées, qui tiennent une si grande place dans la version fantaisiste du maire de Commentry, voici exactement le rôle qu'elles ont joué dans l'affaire :

Au reçu de votre télégramme qui nous appelait à Commentry, pour une affaire d'honneur, sans nous donner d'autres explications, *l'un de nous a cru qu'il s'agissait d'un duel* et a pris la précaution d'emporter ses épées de combat. En arrivant à Commentry, avant appris de quoi il s'agissait, il s'est empressé de les mettre en consigne, elles ne sont pas sorties de la gare et n'ont pu être aperçues que des voyageurs qui prenaient le train, au nombre desquels était le sieur Thivrier se rendant au bureau du *Centre*. Ces épées étaient d'ailleurs d'une dimension tout ordinaire et si le sieur Thivrier les a crues démesurément grandes, c'est sans doute parce que la peur lui a troublé la vue.

Agréez, etc.

Paul Merle — Louis Perié.

L'assignation pour INJURES. — Mille francs pour réparer l'honneur (!) de Deslinières.

Le 3 octobre, le citoyen Thivrier et le directeur du journal *Le Centre* recevaient assignation à comparaitre, le mercredi 31 octobre 1888, à l'audience et pardevant Messieurs les président et juges composant le Tribunal correctionnel de Montluçon, attendu que dans l'article commençant par ces mots : « Le 17 septembre, » et finissant par ceux-ci : « et

roulent carrosse, » le sieur Deslinières « est traité de plumitif à gages et d'homme écrivant sur commande. »

» S'entendre déclarer coupables du délit d'injures publi-
» ques déterminé par les articles 29, 33, 42, 45, 46 et 60 de la
» loi du 29 juillet 1881.

» Et pour *réparation* du préjudice causé, s'entendre
» condamner conjointement et solidairement, en mille
» francs de dommages-intérêts et aux dépens.

» Voir dire que le jugement à intervenir sera inséré
» dans six journaux de l'Allier ou des départements voisins
» au choix du requérant et aux frais, décimes compris :

» Sauf au Ministère public à requérir dans l'intérêt de la
» loi telles pénalités qu'il avisera. »

Plaidoirie de Mᵉ Millerand.

Dans un compte-rendu des plus fantaisistes, le sieur Deslinières se donne — naturellement — le plus beau rôle et fait dire au citoyen Thivrier ce qu'il n'a pas dit, et il se garde bien de renseigner exactement ses lecteurs sur la plaidoirie de Mᵉ Millerand.

Cette plaidoirie a été admirable, le jeune et vaillant député de la Seine a su faire pénétrer dans l'assistance la conviction que le sieur Deslinières *en était* et, en termes énergiques, il flétrit la comédie que joue ce matamore grotesque qui se pose en capitaine Fracasse. Nous avons tenu à rétablir les faits, publier les pièces et la plaidoirie de Mᵉ Millerand.

« Messieurs, je dois vous rappeler tout d'abord l'origine de l'affaire.

» Dans les numéros des 27 et 28 septembre, Deslinières s'empressait de prendre la défense officielle de l'Administration préfectorale, relativement à l'incident du Conseil d'arrondissement, en déclarant « qu'il était en mesure de rectifier l'erreur commise par le correspondant du journal *Le Centre*. »

» Il n'y avait aucun doute sur la source de cette rectification et tout le monde pouvait se rendre compte que cette note avait été dictée par la Préfecture.

» Dans son numéro du 28, Deslinières prend un ton

arrogant et commence la série des injures. Il écrit « que MM. Thivrier et Lachaume c'était insuffisant pour délibérer, ni l'un ni l'autre, ne connaissant l'orthographe, ne pouvaient faire un secrétaire acceptable. »

» Ce sont là, assurément, des termes de mépris dont un élu du suffrage universel a le droit de se trouver froissé, surtout lorsqu'on le présente comme étant incapable de remplir les fonctions qu'il tient de la confiance publique.

» M. Thivrier a donc été injurié le premier et il avait le droit de riposter sans tomber sous le coup de la loi.

» L'article 33 § 2 de la loi sur la presse dit, en effet, que l'injure est excusable quand il y a provocation.

» Et remarquez bien que, dans sa réponse, M. Thivrier ne désignait pas personnellement Deslinières, et le lecteur du *Centre* ne pouvait voir qu'une chose, c'est que Thivrier attaqué se défendait et il ne pouvait savoir qui était visé.

» Notre adversaire s'est médiocrement occupé de l'injure prétendue dont il se plaint. Ce qu'il a cherché, ce qu'il a voulu surtout, c'est un prétexte pour faire du scandale, pour diffamer et salir un adversaire politique.

» Eh bien! soit, va pour le scandale! Puisque notre adversaire se place sur ce terrain malpropre, suivons-le, malgré la répugnance que nous éprouvons.

» Il se proposait de se nettoyer et de salir un adversaire, mais il ne réussira pas et le déshonneur restera pour lui.

» Je veux d'abord vous faire connaître la vie de Thivrier, vie toute de labeur et de simplicité.

» Né à Durdat, il vint, tout enfant, à Commentry où il fut élevé. A l'âge de 12 ans, il travaillait à la mine où il resta 17 ans. Il fit son service militaire à Montluçon, avec les jeunes gens de son pays, presque chez lui, et on n'eut rien à lui reprocher. C'est à force de travail qu'il acquiert lui-même son instruction que critique si agréablement l'instituteur Deslinières.

» C'est le père de quatre enfants, c'est l'homme honnête et loyal par excellence.

» Quand j'ai connu sa vie, ses condamnations dictées par les sentiments de haine politique, les attaques et les injures dont il était l'objet, je me suis fait un devoir de venir ici le défendre, et j'en suis heureux.

» Je suis heureux d'apporter mon concours à ce digne homme et à lui serrer la main. Croyez bien que s'il avait démérité, s'il était l'homme que Deslinières cherche à vous présenter, je ne serais pas ici.

.

Les condamnations du citoyen Thivrier.

» Et maintenant, Messieurs, voyons un peu ces condamnations.

» En juillet 1873, il était assis le long d'un champ de blé et près de lui se tenait une femme avec laquelle il causait. Lorsqu'ils furent suffisamment reposés, ils se levèrent pour partir. Il n'y avait personne sur la route ni dans la plaine, ce qui n'empêcha pas que six mois après il reçut une assignation, et des enfants vinrent déclarer qu'ils avaient vu Thivrier dans un champ de blé et il fut condamné à 25 fr. d'amende pour outrage public à la pudeur, alors qu'il n'avait rien outragé du tout.

» Mais à cette époque les républicains étaient pourchassés, la réaction locale voulait frapper en Thivrier l'un des organisateurs de la *Marianne*, société secrète composée d'hommes résolus à défendre par les armes la République qui sombrait dans les mains de la réaction.

» Voilà pour la première condamnation.

» En novembre 1874, il était boulanger et venait de terminer son travail, lorsque le commissaire de police se présenta et demanda à peser les couronnes de pain. Douze pains sur plus de deux cents ne pesaient pas le poids exact. Il eut beau déclarer qu'avant de livrer il pesait sa marchandise, qu'il complétait par un morceau de pain lorsqu'il y avait une différence de poids et qu'il n'en retirait jamais lorsqu'il y en avait trop, rien n'y fit. Il offrit aussi de faire peser tous ses pains en affirmant qu'on trouverait sur l'ensemble le poids exact. Peine perdue. Le commissaire verbalisa et il fut condamné à 50 fr. d'amende.

» Et la meilleure preuve qu'il ne trompait pas ses clients, qu'il était aimé, respecté et honoré, c'est que, pour protester contre ces condamnations, les électeurs le nommèrent, malgré lui, conseiller municipal.

» Voilà la deuxième condamnation.

» Pour la troisième, c'était sous le régime odieux du 16 Mai.

» Dans une visite à son domicile, un poids de 2 kilogrammes hors d'usage depuis bien longtemps fut trouvé dans un coin éloigné de sa boutique. Ce poids avait au moins 2 centimètres de poussière, ce qui devait suffisamment prouver qu'il ne s'en servait pas. Il eut beau faire constater par témoins l'état de ce poids, il fut condamné à 25 francs d'amende comme détenteur d'un faux poids.

Protestation des habitants de Commentry contre ces condamnations.

» Et pour protester encore contre cette condamnation, les électeurs nommèrent Thivrier conseiller d'arrondissement, lui renouvelèrent son mandat de conseiller municipal en 1888, et ses collègues le choisirent comme maire. Il avait déjà rempli les fonctions en 1881, et voilà l'homme que l'on cherche à déconsidérer, sur lequel on répand l'infamie et qu'on veut vous présenter comme dénué de toute valeur morale.

» Et qui cherche à répandre l'infamie et à le déconsidérer ? Deslinières ! Voyons donc un peu quel est ce monsieur qui déverse l'outrage avec tant de facilité — et de profits.

La comédie jouée par Deslinières.

» L'affaire provoquée par Deslinières est une comédie en trois actes, montée par lui, et il ne fait pas que cette besogne. Il se plaint que Thivrier ait *insinué* qu'il émarge aux fonds secrets, qu'il est un « plumitif à gages. »

» Ces termes, relevés dans l'assignation, constituent-ils une injure ? Est-il injurieux de dire à un rédacteur qu'il est salarié ou qu'il est payé sur les fonds secrets ?

» Mais tous les ans nous demandons à la Chambre des députés la suppression de ces fonds secrets ! Et ils sont votés par ceux-là à qui ils sont utiles. Quand on écrit sur une feuille payée par les fonds secrets, on n'aime pas se l'entendre reprocher.

» Le sieur Deslinières a subi, lui aussi, une condamnation à un jour de prison pour outrages publics aux gendarmes. N'a-t-il subi que celle-là ?

» Je ne le crois pas, car il prodigue l'outrage non seulement aux gendarmes, mais aux personnages les plus éminents et les plus respectables et il n'épargne pas non plus les femmes. Son journal est une officine de dénonciations et de délations.

» Mais, en vérité, le sieur Deslinières s'occupe bien de ces vétilles.

» Dans la réponse de Thivrier, il voit là une occasion qu'il saisit aux cheveux et c'est toute une comédie qu'il va monter.

PREMIER ACTE.

Envoi de témoins. — Coup de tam-tam.
Tentative de chantage.

» Dans son journal du 30 septembre — mis en vente le samedi 29, — il annonce en première page (pièce n° IV) que « deux de ses amis se présenteront au domicile de Thivrier, maire de Commentry, pour lui demander compte des **INSINUATIONS** dirigées contre lui. »

» Vous voyez d'ici les braves lecteurs — peu nombreux il est vrai — de ce journal qui annonce l'envoi de deux témoins pour demander raison de ses insinuations au citoyen Thivrier. Chacun crut qu'il s'agissait d'un duel. Les témoins eux-mêmes s'y trompèrent et apportèrent des épées que chacun put voir déposées à la gare, bien en vue et que les employés et les habitants se montraient en riant. Or, il ne s'agissait pas d'un duel, mais bien d'un coup de tam-tam. Il s'agissait simplement de communiquer à Thivrier un *petit papier*.

» Ce n'était pas une provocation, mais une tentative de chantage.

» J'aime à croire que les témoins ne se sont pas rendu compte du rôle qu'on voulait leur faire jouer et de quelle comédie on les rendait comparses.

» Le même jour, Thivrier était appelé à la sous-préfecture pour assister au Conseil d'arrondissement. Il en profita pour dénoncer au public la tentative de chantage dont il venait d'être l'objet et il remit au *Centre* sa lettre du 29 septembre, intitulée *Don Quichottisme*, qui fut insérée de suite et mise en vente à quatre heures du soir (pièce n° V).

DEUXIÈME ACTE.

Procès-verbal. — Preuve de la véracité des dires du citoyen Thivrier. — Jury d'honneur. — Fonds secrets.

» La meilleure preuve de la véracité des dires du citoyen Thivrier, c'est la publication faite le lendemain, dans *La Démocratie*, d'un procès-verbal démontrant clairement que les témoins n'avaient été envoyés chez Thivrier que pour faire du chantage.

» Dans ce procès-verbal, l'on constate, en effet, que Deslinières commence par chercher à salir son adversaire et ensuite il veut se nettoyer lui-même en demandant la constitution d'un jury d'honneur qui aurait pour mission de le blanchir.

» Voyez-vous ce jury d'honneur chargé de rechercher si Deslinières a « reçu des subventions soit sur les fonds secrets, ou d'une personnalité politique quelconque ! »

» De déclarer que « Deslinières a vécu honorablement de sa situation de directeur de *La Démocratie*, qu'il n'a pas reçu de subventions ; que sa propriété d'Algérie n'est pas une concession gratuite, mais achetée comme une propriété ordinaire. »

» C'était véritablement prendre ses lecteurs pour plus bêtes qu'ils ne sont.

» Croyez-vous que les membres de ce jury seraient allés trouver le Ministre de l'intérieur et que M. Floquet aurait consenti à montrer ses livres !

» Mais la caractéristique des *fonds secrets*, c'est de ne pas être connus, sans quoi ils ne seraient plus secrets.

» C'est là une des vérités de La Palisse.

» La proposition faite par M. Deslinières de confier à ce jury le soin de vérifier les livres de compte du journal est absolument ridicule, car un journal subventionné ne mettra jamais sur des livres : *reçu tant sur les fonds secrets.*

» Que *La Démocratie* soit subventionnée par les fonds secrets, c'est une affaire d'opinion publique. — Il y **a** beaucoup de gens qui le croient — et je suis de ceux-là, — mais M. Giraud, sénateur du Cher, lui, l'affirme. J'ai là une lettre de lui dans laquelle il déclare « *qu'il en a la conviction la plus absolue.* »

» Que Deslinières ait ou non reçu, cela nous est égal, mais ce que nous devons et pouvons rechercher, c'est de savoir ce qu'il fait, à quelle besogne il emploie sa plume.

TROISIÈME ACTE.

Le procès. — Besogne malpropre de Deslinières.
Appel aux réactionnaires.

» En poursuivant Thivrier en Correctionnelle, le but du sieur Deslinières était double : déshonorer Thivrier et se nettoyer lui-même.

» Il n'arrivera pas à ce double but. Thivrier est honorablement connu, on ne saurait en dire autant d'un homme qui déshonore la presse et qu'on ne peut considérer comme un véritable journaliste, il en est indigne. Nous pouvions le poursuivre en diffamation pour la publication de ses insanités, nous avons pensé que le meilleur juge de ces sortes d'affaires était le mépris public. Et les honnêtes gens ont dû juger ce plumitif en le voyant journellement commettre ses malpropres besognes.

» Mais il se dit qu'il y aura toujours quelques badauds qui le croiront.

» Dans l'énumération des condamnations de Thivrier, ce monsieur a oublié de parler de la fermeture du débit.

» Sous le 16 Mai, ce républicain infatigable tenait un cabaret où les républicains se réunissaient. La réaction, continuant son œuvre de poursuite, condamna Thivrier à fermer son débit. Et ce sont les condamnations infligées par un régime honteux que Deslinières — qui se dit républicain, — ramasse pour jeter à la face de son adversaire. Cette boue dont il veut éclabousser les autres lui restera dans les mains et elle n'éclaboussera que lui.

» C'est ce monsieur qui reproche aux intransigeants et aux collectivistes de s'unir aux réactionnaires, lui qui dans son journal du 13 mai imprimait entre deux tours de scrutin :

Je ne puis donc assez m'indigner, quand je vois le journal Le Centre conseiller à ses amis de se désintéresser de la lutte.

Si l'administration municipale passait aux mains de Dormoy et Létang, ce serait le commencement de la fin, car si le fait se généralisait, la France aurait bientôt besoin d'un sauveur.

O la triste et maladroite politique ! Triste parce qu'elle sacrifie les intérêts généraux à ceux d'un parti.

Mais je ne puis croire que cette honteuse politique, bonne pour des journalistes sans scrupules, soit celle de nos concitoyens réactionnaires. Partout, je le sais, il y a des exaltés, inconscients et partant irresponsables, prêts à s'écrier : « périssent les colonies plutôt qu'un principe, » prêts à laisser la France aller aux abîmes, pour avoir l'occasion de l'en retirer. A ceux-là je ne dis rien, ils sont sourds et aveugles ; d'ailleurs, Dieu merci, ils forment le petit nombre.

Je m'adresse aux autres infiniment plus nombreux et je leur dis : Non ! vous ne vous abstiendrez pas dimanche prochain.

Au dernier scrutin, vous avez exprimé d'une manière assez éloquente vos opinions politiques; vous allez maintenant affirmer vos idées sociales : il s'agit de vous prononcer entre les hommes qui personnifient le bouleversement, l'anarchie, la ruine de la France, et ceux qui veulent le maintien de l'ordre, de l'autorité et le développement progressif du pays : vous n'hésiterez pas.

» On ne peut être plus cynique.

» Et ce n'est pas tout.

» Dans son numéro du mercredi 3 octobre 1888, Deslinières, rendant compte d'une réunion privée qui a eu lieu à Commentry, le 30 septembre, résume ainsi le discours qu'il a prononcé :

Nous voulons grouper pour combattre le césarisme et la réaction les républicains modérés et les radicaux de gouvernement. Mais nous n'admettons pas les intransigeants ni les collectivistes pour plusieurs raisons.

D'abord parce que les uns et les autres se sont déjà organisés chacun de leur côté en dehors de nous. Ensuite parce qu'ils ont dans leur programme des articles dont l'adoption porterait un coup fatal à la République, notamment la suppression du Sénat et de la présidence de la République, l'élection des juges et l'autonomie communale.

» Il suffit d'ouvrir son journal pour y trouver des injures, des accusations grotesques contre ses adversaires politiques. Ce sont là des procédés ignobles que tous les honnêtes gens doivent flétrir.

» Dans son numéro du 3 mai, parlant d'un candidat socialiste, il écrit :

Ce socialiste est excessivement avancé. Sous l'influence sans doute des prédications véhémentes de son compère Létang, il s'est converti, dit-on, aux théories les plus hardies. Le communisme et *particulièrement la communauté des femmes auraient en lui un ferme adepte.*

» Et c'est ce fantoche ridicule qui vient ici se plaindre des *insinuations* de Thivrier.

» Il tend les bras aux bonapartistes, il sollicite leur concours et injurie les républicains sincères.

» Les magistrats non plus ne sont pas épargnés, et dans son numéro du 21 septembre, il attaque violemment et d'une façon insensée le président du tribunal de Moulins.

» Il pénètre dans la vie privée de tous et traîne dans la boue les hommes les plus respectables.

» Il n'y a qu'une façon d'apprécier cette tactique : ce n'est pas là du journalisme, c'est du chantage.

*
* *

L'opportunisme du courage. — Le collier de chien.

» Ses attaques odieuses sont des procédés qu'il n'applique pas qu'aux collectivistes.

» Cet insulteur « gratuit » est, naturellement, comme ses pareils, un matamore. Mais c'est en même temps un homme prudent. Il a l'opportunisme du courage, la fanfaronnade n'exclut pas, d'ailleurs, la prudence.

Un avocat à la Cour de Paris, Mᵉ Morel, à la suite d'attaques odieuses lancées par *La Démocratie* contre son tuteur, alla trouver Deslinières au bureau du journal et lui demanda des explications. Il employa des paroles malhonnêtes à son égard et Mᵉ Morel dut le souffleter et il sortit en lui jetant ses gants à la face. Il attend encore ses témoins.

» Voilà le grand justicier de l'Allier, voilà ce qu'est

La Démocratie. Son directeur est un de ces tyranneaux de département qui rendent la République insupportable aux populations par le joug odieux qu'ils font peser sur elles.

» Des journaux de cette espèce suffiraient à tuer la République.

« Ce monsieur, qui est si chatouilleux, s'est bien gardé de poursuivre ceux qui en réunion publique, il y a deux ans, ouvrirent une souscription pour lui acheter un collier de chien.

» Tenez, voici ce petit collier. *(M. Millerand montre au Tribunal et au public un collier destiné à un roquet)* sur lequel sont gravés ces mots :

« *J'aboie pour Chantemille.*

» **L. Deslinières.** »

.·.

Réunion publique de Commentry. — Le rôle du Tribunal.

» Maintenant, Messieurs, avant de terminer, il faut que je vous dise comment les habitants de Commentry ont entendu protester encore contre les infamies de Deslinières.

» Le 6 octobre dernier, les conseillers municipaux de cette ville étaient appelés à rendre compte de leur mandat en réunion publique.

» La salle était comble et c'est à *l'unanimité* que Thivrier fut désigné comme président de la séance et un ordre du jour de confiance, d'estime et de sympathie lui fut voté :

Voici cet ordre du jour :

Les électeurs félicitent Thivrier, maire de Commentry, pour sa réplique au triste sire Deslinières, valet de plume du clan opportuniste ;

Ils déclarent se rendre solidaires des actes du Maire de Commentry qui n'a pas cessé de mériter la confiance des électeurs ;

Il a bien fait de flétrir les tripotages éhontés et lui ordonnons de rester à son poste malgré les infamies que déverse contre lui une presse vendue.

» Voilà quel est l'homme que Deslinières vous demande de condamner pour ses haines politiques.

» Vous repousserez les prétentions de ce monsieur qui se permet de s'ériger en justicier.

» En droit, vous lui répondrez que l'injure — si injure il y a — serait excusable en raison de ses attaques déloyales.

» Et au point de vue plus élevé de la justice et de la morale,

» Vous direz à l'insulteur systématique — *et sans gages* — qui a injurié les hommes les plus dignes de respect ;

» Au faiseur qui n'a cherché dans ce procès qu'un prétexte à scandale — sans parler du petit bénéfice ; —

» Vous lui direz que la justice n'est ni sa dupe ni sa complice et qu'il n'a pas à compter sur elle pour l'aider dans sa malpropre besogne.

» Vous aurez donné à la conscience publique la satisfaction qu'elle attend en déboutant de sa prétention cet émule de Giboyer.

» Et vous acquitterez l'honorable M. Thivrier. »

.˙.

Ces paroles vives, incisives, émeuvent les auditeurs, des murmures d'approbation se font entendre et, pour un peu, les applaudissements éclateraient.

Le drôle de Deslinières paraît atterré.

Il veut parler, mais le président, d'un ton brusque, lui impose silence.

Le prononcé du jugement est renvoyé à huitaine.

.˙.

Condamnation de Deslinières.

C'est après trois semaines de réflexions, que le Tribunal de Montluçon a pu se prononcer sur cette affaire.

Il a reconnu que le sieur L. Deslinières avait le premier injurié Thivrier, en le représentant comme un conseiller d'arrondissement ignorant et incapable de faire un secrétaire.

Par suite, la riposte de Thivrier ayant été provoquée, les injures n'existent pas.

En conséquence, L. Deslinières est débouté de sa demande et condamné à tous les dépens.

.•.

Cet ancien vidour de pots de chambre peut continuer à vider ses ordures sans crainte de débourser un centime, car les drôles qui abritent leur lâcheté derrière ce baquet inodore payeront pour lui.

Il faut avouer que le valet est digne de ses maîtres et qu'il mérite bien les gages qui lui sont alloués.

Comme le disait si bien Mr Millerand, on ne s'abaisse pas à discuter avec de pareils insulteurs. Quand ils ont l'imprudence de se jeter dans nos jambes, on les traite comme des porte-collier mal appris.

Laissons donc à la bande opportuniste ce digne *souteneur* des tripoteurs éhontés qui déshonorent notre République.

Ce pitre à face patibulaire est bien avec eux, ils sont faits pour s'entendre et se comprendre.

Le misérable chenapan qui ne cesse d'injurier — moyennant finance — ne vend pas que sa plume. N'a-t-il pas débuté dans ces sortes d'affaires — malpropres — avec un nommé Lamy ? Combien s'est-il fait payer la truie qu'il a vendue à ce dernier ?

.•.

Voilà l'homme dégradé qui ose se dire républicain pour encaisser les fonds secrets qui lui sont alloués.

Les électeurs savent à quoi s'en tenir et ils auront pour cet individu le mépris qu'il mérite.

.•.

Un dernier mot. Nous défions le sieur Deslinières de faire voir *à n'importe qui* les quittances des amendes ou frais pour condamnations prononcées contre lui.

Nous avons acquis la certitude que — pour ce serviteur gagé, — l'administration gouvernementale a toutes les gracieusetés.

Les frais et les amendes sont portés aux profits et pertes et, jusqu'à ce jour, pas un centime n'a été versé par lui.

N'est-ce pas là la meilleure preuve que cet insulteur patenté est soudoyé par l'administration ?

Les lecteurs et électeurs conserveront-ils encore le

moindre doute sur le peu d'honorabilité de ce drôle ? Et faut-il que le clan opportuniste soit tombé assez bas pour oser se servir — et payer — un pareil misérable ?

C'est une véritable honte.

La Démocratie n'est pas un journal, c'est un véritable dépotoir où tous les chenapans, les déclassés, les mangeurs de « blanc » viennent déverser leurs ordures. Cette feuille est un accessoire indispensable pour les water-closet.

————

Cet acquittement de notre ami Thivrier a atterré la bande opportuniste. Ils étaient déjà passablement embêtés par le citoyen Numa Gilly et ils ont un trac épouvantable de voir leurs tripotages dévoilés.

Pensez donc, si les juges se mettent de la partie, que vont-ils devenir ! Véritablement il y a de quoi désespérer les plus effrontés coquins ; aussi sont-ils dans le marasme et ne savent-ils quoi inventer pour frapper leurs adversaires et l'imagination des républicains assez naïfs pour suivre les Tonkinois.

Derrière l'ancien vidour de pots de chambre Deslinières, se cachent les blackboulés du suffrage universel. Ils savent que cet individu est capable de toutes les vilenies et ils s'en servent. Rien de mieux. On prend ce qu'on trouve pour faire une besogne qui répugnerait à un homme de cœur.

On voit qu'il a fait son apprentissage chez un dentiste. « Il ment comme un arracheur de dents, » dit-on souvent et il faut être juste, il s'est acquitté en conscience, en admettant qu'il en ait une.

Il a dénoncé — affaire d'habitude et de métier — dans le journal où il dépose ses élucubrations, une lettre qui aurait été écrite par le citoyen Thivrier au Congrès des chambres syndicales de Bordeaux pour féliciter les congressistes de la « tripotée flanquée aux roussins qui voulaient souiller le drapeau rouge, » et cette lettre serait signée : « Thivrier, maire de Commentry. »

Vous voyez d'ici ce monsieur — qui n'est pas souteneur —

arracher sa meilleure plume pour défendre les policiers et mettre l'administration préfectorale *en demeure* de révoquer Thivrier.

Qu'il défende les argousins, cela se comprend, mais qu'il donne des ordres à l'administration, c'est roide, c'est vouloir renverser les rôles.

L'administration qui n'a rien à refuser à son…collaborateur, s'empressa de télégraphier — le même jour de la mise en demeure — à M. le commissaire de police pour interroger Thivrier et lui demander des explications.

Une indiscrétion nous permet de vous communiquer la réponse qui aurait été faite à M. le sous-préfet de Montluçon et nous jurons sur la bonne foi de Deslinières que ce n'est pas lui qui a commis cette indiscrétion :

« M. le commissaire de police me communique votre
» dépêche du 10 novembre relative à une lettre insérée dans
» *La Démocratie* et portant ma signature.
» Je ne lis pas *La Démocratie* — journal de chantage —
» et je ne sais si ce journal a publié une lettre de moi. Tout
» ce que je puis vous répondre, c'est que ni comme maire,
» ni comme particulier je n'ai adressé aucune protestation
» concernant les incidents de Bordeaux.
» Vous comprenez que je ne me donne pas la peine de
» relever les insanités du sieur Deslinières. »

— Ramasse, Lucien.

Le 17 novembre, l'administration de Deslinières ne donnant pas signe de vie, il lança une nouvelle mise en demeure plus furibonde que la première, il menaçait même.

Sur ces entrefaites, les juges ne s'avisent-ils pas d'acquitter Thivrier et de condamner Toto à tous les dépens !

C'était le 21 novembre. Il fallait riposter à cet acquittement désastreux — pas pour la caisse de Toto — et le Préfet, prenant la plume d'oie que lui avait passée Deslinières, prit un arrêté suspendant Thivrier de ses fonctions de maire pour lui apprendre à faire condamner *l'ami* de la maison. (Ne pas mettre Lanay).

Cet arrêté n'a été communiqué à Thivrier que le 25 au matin. Ce jour-là, justement, grande réunion publique à Commentry. Les électeurs étaient convoqués par la Muni-

cipalité socialiste pour discuter une question financière qui passionne ici les contribuables.

Il s'agissait de savoir si la taxe unique sur les vins doit être appliquée ou si l'exercice actuel de la Régie doit être maintenu.

Le citoyen Raoul Fréjac communique à l'assemblée l'arrêté du Préfet ; il dit qu'il n'est que le contre-coup de l'acquittement de Thivrier, et pour protester contre les bassesses des opportunistes, propose de nommer Thivrier président de la réunion. Les 1.200 électeurs qui se pressaient dans la salle des Écoles, applaudissent vivement et acclament Thivrier. Les citoyens Desgranges et Faure, adjoints, sont nommés assesseurs.

Après la discussion sur la taxe unique, le citoyen R. Fréjac développe et propose l'ordre du jour suivant qui est voté à l'unanimité :

« Les électeurs de Commentry, convoqués le 25 novem-
» bre en réunion publique pour discuter contradictoi-
» rement sur la question de la taxe unique, profitent de
» cette circonstance pour renouveler au citoyen Thivrier
» toute leur confiance. Ils déclarent se rendre solidaires
» des actes du maire de Commentry et flétrissent avec
» indignation les menées jésuitiques des Deslinières et de
» l'Administration préfectorale qui vient — d'un com-
» mun accord — de suspendre le citoyen Thivrier, à la
» suite des mensonges — intéressés — du Préfet et du
» sieur Deslinières. »

Cette proposition, mise aux voix par le citoyen Peynet, conseiller municipal, est adoptée à l'unanimité.

Vindex.